Karl Freiherr vom Stein

Zum 200. Geburtstag
am 26. Oktober 1957

Von

Dr. Julius von Gierke
ord. Professor der Rechte
an der Georg-August-Universität zu Göttingen

Berlin 1957

Walter de Gruyter & Co.
vorm. G. J. Göschen'sche Verlagshandlung / J. Guttentag, Verlagsbuchhandlung / Georg Reimer / Karl J. Trübner / Veit & Comp.

Archiv-Nr. 27 18 57

Satz und Druck: Berliner Buchdruckerei Union G. m. b. H., Berlin SW 61

MEINER LIEBEN TOCHTER

ELSE STRASBURGER

GEB. VON GIERKE

DR. rer. nat., OBERSTUDIENDIREKTORIN

DER SCHILLER-SCHULE

IN FRANKFURT AM MAIN

GEWIDMET

Einleitung

Karl Freiherr vom Stein wurde am 26. Oktober 1757 zu Nassau an der Lahn geboren. Wir stehen also jetzt im Jubiläumsjahr seines 200-jährigen Geburtstages. Es ist allgemein anerkannt, daß er mit zu den größten Deutschen gehört. Man ist sich auch im allgemeinen darüber einig, worin die Größe seiner Leistungen besteht. Immerhin bedarf die landläufige Ansicht mancher Ergänzungen. Wir werden dies erkennen, wenn wir sein Leben und Wirken an uns vorüberziehen lassen. Dabei können wir folgendermaßen gruppieren: Abstammung und Jugendjahre – Student in Göttingen – Umschau im Dienst des alten deutschen Reiches, Eintritt in den preußischen Staatsdienst: Tätigkeit in der Verwaltung von Westfalen und als Minister bis zu seiner Entlassung Anfang 1807 – Rückkehr in den Staatsdienst und die großen Reformen bis Ende 1808 – Ächtung durch Napoleon, Aufenthalt im Ausland, zuletzt am Zarenhof – Teilnahme an den Freiheitskriegen und am Wiener Kongreß – Die Folgezeit und seine Altersjahre – Rückblick und Ausblick.

Abstammung und Jugendjahre

Karl Freiherr vom Stein war der Sproß eines reichsritterschaftlichen Geschlechtes. Die Burg des Geschlechtes ist schon 1235 urkundlich erwähnt. Sie lag an der Lahn unterhalb der Burg des Grafen von Nassau. Im 18. Jahrhundert war sie längst verfallen. Die Familie lebte in einem Herrenhaus in dem Städtchen Nassau. Der Besitz des Geschlechtes bestand in Grundstücken und Abgaben von Grundstücken. Er lag zerstreut die Lahn aufwärts, vor allem aber gehörten dazu links des Rheines die Dörfer Frücht und Schweighausen. Der Umfang des Besitzes betrug etwa 18 Quadratkilometer. Kraft der Mitgliedschaft bei der Reichsritterschaft war der Besitz reichsunmittelbar, d. h. unabhängig von einem Landesherrn, hatte aber nicht Sitz und Stimme auf dem alten deutschen Reichstag.

Stein ist in einem glücklichen Elternhause aufgewachsen, das für sein späteres Leben und Wirken richtunggebend war. Sein Vater, Karl Philipp, war kurmainzischer Kammerherr und eifriges Mitglied der Reichsritterschaft[1]). Die Reichsritter hatten sich zusammengeschlossen zum Widerstand gegen die Landesherrn, die sie unterwerfen wollten. Sie genossen dabei den Schutz des Kaisers und waren daher weitgehend dem Hause Habsburg verbunden, an das sie auch als Gegengabe Abgaben entrichteten (Karitativgelder).

Und so beruhte die Erziehung, die Karl von seinem Vater erhielt, auf rittermäßiger Ehre und Pflichterfüllung, auf dem Werte genossenschaftlicher Freiheit und Hingabe für Deutschland, für Kaiser und Reich. Von seinem Vater hat der Sohn insbesondere auch geerbt sein Eintreten für Recht, Gerechtigkeit und Treue. Er berichtet selbst von seinem Vater: „Sein Wort war sein Siegel." Seine Mutter Henriette Karoline geb. Langwerth von Simmern (hannoverscher Adel), war eine Frau, welcher man die höchste Bewunderung zollen muß. Sie war nicht bloß mit allen geistigen Strömungen der Zeit vertraut, sondern auch die treu fürsorgende Mutter ihrer Kinder und eine tüchtige Hausfrau und Verwalterin des Familiengutes. Es mag unter anderem erwähnt werden, daß sie in Freundschaft mit Lavater[2]) verbunden war, in Briefwechsel mit Sophie la Roche[3]) stand (aber nicht schwärmerisch), daß sie Goethe's Werthers Leiden (der von Wetzlar aus in ihrem Hause verkehrte) vor ihrer Veröffentlichung kannte, und daß Shakespeare's Sommernachtstraum in ihrem Hause aufgeführt wurde. Der Sohn erbte von ihr das Temperament, das sich bei ihm sogar zu einer weitgehenden Leidenschaftlichkeit auswuchs, ferner die religiösen Grundlagen seiner Weltanschauung und schließlich die geistige Regsamkeit, die sich bei ihm zu einer genialen Höhe emporhob.

Um das Hausgut in seinem Bestande zu erhalten, war man zu bindenden Familienverträgen übergegangen. Nur ein Sohn sollte in den Besitz des Gutes kommen und er allein durfte heiraten. Durch die Familienpakte 1774 und 1779 wurde Karl, obwohl er der dritte Sohn war, dazu ausersehen.

Student in Göttingen

Im Jahre 1773 ging Stein zum Studium an die Universität Göttingen. Sein fürsorgender Begleiter war als Hofmeister Friedrich Rudolf Salzmann.

Die Stadt Göttingen wies noch ein stark mittelalterliches Gepräge auf. Der später teilweise niedergelegte Wall umschloß sie, der durch die verschiedenen Stadttore unterbrochen war, und zu Spaziergängen von den Professoren und Studenten benutzt wurde. Die spätere Verbindung durch Anlagen und Baumpflanzungen mit den Wäldern des Hainholzes war noch nicht vorhanden Ein kahler, steinerner Bergrücken grenzte diesen ab. Von größeren Gebäuden kamen das Rathaus und einige große Kirchen in Betracht. Als die Gründung der Universität geplant wurde, deren Eröffnung im Jahre 1737 stattfand, wurde das hinter der am Markt gelegenen Pauliner-Kirche gelegene Kloster zu dem sogenannten Minerva-Schloß umgebaut. Dieses enthielt ein Auditorienhaus mit vier großen Hörsälen und die Universitätsbibliothek. Stark besuchte Vorlesungen wurden in einer hinter der Groner Straße gelegenen Scheune abgehalten, bei geringer Zuhörerzahl wurde der Unterricht in den Häusern der Professoren erteilt. Zu erwähnen ist noch, daß in dieser Zeit zur Pflege des Reitsportes der große Marstall errichtet wurde.

Dem Gründer der Universität, dem Kanzler von Münchhausen, war es gelungen, eine große Reihe ausgezeichneter Gelehrter für die Universität zu gewinnen. So kam es, daß in wenigen Jahren die Universität als erste und besuchteste Deutschlands dastand. Für Stein kamen die juristischen und historischen Fächer in Betracht. Unter den Juristen nahm Johann Stefan Pütter[4]) als Staatsrechtslehrer die erste Stelle ein. Unter den Historikern hatten Gatterer[5]) und Schlözer[6]) als Universalhistoriker das größte Ansehen.

Im geselligen Leben herrschte eine große Steifheit, die durch den Besuch englischer Prinzen noch vermehrt wurde. Adlige Studierende wurden bevorzugt; der Stadtkommandant erklärte, nur solche einladen zu wollen. (Der junge Stein war empört darüber.) Dies führte zu der Albernheit, daß bürgerliche Studenten ihren Namen mit einem „von" versahen. Ein abgeschlossenes Dasein führte der Hainbund, der bekannte romantische Dichterkreis. Das Leben war voll und ganz auf Arbeit eingestellt; man kann wohl die Worte Stein's verallgemeinern: „In Göttingen muß man arbeiten, wenn man nicht vor Langeweile sterben will."

Doch wir kehren nun zu Stein zurück. Die besorgte Mutter hatte, zum Teil in übertriebener Weise, strenge Verhaltungsmaßregeln vorgeschrieben. Der Sohn sollte nicht mit Altersgenossen verkehren, sondern nur mit jungen Professoren. Stein litt unter solcher Vereinsamung, besonders auch deshalb, weil er und Salzmann gar nicht zueinander paßten. Im Gegensatz zu Stein war Salzmann ein sentimentaler Schwärmer, Theosoph und ein Verehrer und Bewunderer des Hainbundes. Undenkbar ist die Vorstellung, daß Stein am Abend zum Hainbund gegangen sein und dort in Weltschmerz sich ausgeweint haben sollte. Die ganze Tageseinteilung für Stein war völlig auf Arbeit eingestellt, auf Vorlesungen und Lektüre von wissenschaftlichen Büchern. Immerhin hatte die verständige Mutter auch körperliche Ertüchtigung durch Reiten angeordnet. Für die Ausbildung Stein's sind besonders fruchtbar gewesen die Vorlesungen und Bücher von Pütter, er besaß alle Werke Pütter's, die er mit zahlreichen Bemerkungen versah und die in seiner uns erhaltenen Bibliothek noch heute vorhanden sind. So erhielt Stein einen ausgezeichneten Einblick in das geschichtliche Werden des deutschen Reiches. Von großer Bedeutung waren für ihn auch die Vorlesungen von Gatterer, von denen wir eine über Tacitus' Germania erwähnen, und von Schlözer, die einen demokratischen Anstrich hatten. Sehr eindringend hat sich Stein in diesen Jahren auch mit englischer Geschichte und Literatur vertraut gemacht. Als Stein nach einem Jahre von der Vormundschaft seines Hofmeisters befreit wurde, atmete er auf. Nun gewann er durch den Verkehr mit Gleichaltrigen einen Freundeskreis, der für seine weitere Entwicklung und das Ausreifen seiner staatsmännischen Gedanken von größter Bedeutung war. In erster Linie gehört hierher die Freundschaft mit August Wilhelm Rehberg, dem späteren berühmten Staatsmann Hannovers. Die gemeinsamen Grundanschauungen beruhten hauptsächlich auf der Übernahme der freiheitlichen Verfassung Englands unter Ablehnung von Absolutismus und Bürokratismus und unter Heranziehung des Volkes zur Mitregierung. Freilich war das Bild, das man sich von der englischen Verfassung machte und das man aus Montesquieu's Esprit des lois (1748) entnommen hatte, nicht ganz richtig. Die weitere Vertiefung der Freundschaft Stein's und Rehberg's fällt erst in die Zeit nach den Göttinger Studienjahren. Sie ist dann späterhin etwas abgeblaßt, vornehmlich dadurch, das Stein's Denken auf ganz Deutschland eingestellt war, während Rehberg doch im Partikularismus Hannovers steckenblieb. Ein weiterer Freund Stein's war Ernst Brandes, der sich zum besten Kenner englischer Geschichte und Lebensformen heranbildete.

Im Jahre 1777 schloß Stein sein Studium in Göttingen ab, als Adliger brauchte er kein Examen zu machen.

Umschau im Dienst des alten deutschen Reiches. Eintritt in den preußischen Staatsdienst: Tätigkeit in der Verwaltung von Westfalen und als Minister bis zu seiner Entlassung Anfang 1807

Über die nächsten Jahre des Lebens Stein's sind wir wenig unterrichtet. Er arbeitete als Praktikant am Reichskammergericht, unternahm dann größere Reisen zur Förderung seiner Weltkenntnis, besuchte zahlreiche deutsche Höfe, weilte in Frankreich und verschaffte sich Einblick in die Geschäfte des Reichstages in Regensburg. Eine entscheidende Wendung in seinem Leben trat ein infolge eines Briefes, den seine Mutter im Jahre 1779 an Friedrich den Großen schrieb, in welchem sie um Übernahme Stein's in den preußischen Staatsdienst bat. Es erging die Antwort, daß der junge Mann sich vorstellen solle. Aber erst 1780 entschloß sich Stein, in den preußischen Staatsdienst zu treten. Es erfolgte ja damit auch ein völliger Bruch mit den Traditionen seiner Familie, die, wie wir früher gesehen haben, auf Österreich eingestellt war. In seinen Lebenserinnerungen bemerkt Stein, daß ihn dazu die Bewunderung, die er für den großen König hegte, veranlaßt habe. Man wird aber auch annehmen können, daß ihn die Eintönigkeit, Schwerfälligkeit und bürokratische Ausgestaltung, die bei den Geschäften der Reichsbehörden herrschten, dazu veranlaßt haben. Stein wurde 1780 im Bergwerks- und Hüttendepartement des Generaldirektoriums in Berlin angestellt. Nach seiner praktischen und theoretischen Ausbildung in Bergwerkssachen wurde er 1784 Direktor in Wetter. Hier konnte Stein seine freiheitliche Auffassung in Bezug auf die Ordnung des Bergwerksbetriebes in mancher Hinsicht durchführen. In Preußen hatte sich nämlich das Bergregal zu dem sogenannten Direktionsprinzips entwickelt, bei welchem eine völlige bürokratische staatliche Bevormundung stattfand. Stein lockerte es insbesondere dadurch, daß er den Bergwerkseigentümern in ihrem bergrechtlichen Verbande (Gewerkschaft) eine etwas selbständigere Stellung gab und den Bergarbeitern in ihren Knappschaften die Wahl eines Vorstandes überließ. Auch entfaltete Stein eine fürsorgende Tätigkeit für die Bergarbeiter in Bezug auf Lohnzahlung und fördernde Ausbildung. Im Ganzen führte seine unermüdliche Tätigkeit zu einer außerordentlichen Hebung des Bergwerksbetriebes in sozialer, wirtschaftlicher und technischer Hinsicht.

Nach einigen Unterbrechungen, insbesondere durch eine Reise nach England zwecks Kenntnisnahme von Industrie und Bergwerk, wurde Stein im Jahre 1794 Kammerpräsident in Cleve und Mark und kam damit in die allgemeine Verwaltung. Hier lernte Stein die Mitverwaltung durch die Stände, die er ja schon lange theoretisch befürwortete, praktisch kennen und unterstützte ihre Bestrebungen. Er gewann hier außerdem Einblick in die genossenschaftlich-bäuerliche Kommunalverwaltung durch die eigenartigen Erbentage. In umfassender Weise war er hier auch tätig für die Hebung des Landes durch Straßenbau, Aufhebung von Binnenzöllen und Förderung der Schiffahrt. Er hat dann insbesondere auch nach Möglichkeit die Bedrängnisse des Landes durch die französischen Besatzungen gemildert. Tiefbekümmert war er um die fehlerhafte Politik, insbesondere den Frieden von Basel, der die Neutralität Preußens gegenüber Frankreich festlegte. Im Jahre 1797 gelangte Stein an die Spitze von ganz Westfalen als Oberpräsident in Minden. Hier erreichte er eine Vereinfachung der Verwaltung, insbesondere in Bezug auf Akzise und Zollsachen, und eine Vereinheitlichung der Gerichtsbarkeit durch Aufgehen der Kammergerichtsbarkeit in die allgemeine Gerichtsbarkeit. Vergeblich versuchte er die Einrichtung der kommunalen Selbstverwaltung. Vor allen Dingen aber scheiterte sein Antrag bei der Zentralverwaltung in Bezug auf die Neugestaltung der bäuerlichen Verhältnisse. Er forderte die Aufhebung der in Minden noch vorhandenen Eigenbehörigkeit[7]) der Bauern, die eine Leibeigenschaft darstellte und nicht, wie vielfach fälschlich geschieht, als bloße Erbuntertänigkeit bezeichnet werden darf, und weiterhin die Verleihung vollen Eigentums an die Bauern gegen Entschädigung des Grundbesitzers.

In diese Zeit fällt auch die Verheiratung Stein's mit Wilhelmine Reichsgräfin von Wallmoden-Gimborn (eine Enkelin Georg's II.), mit der er in glücklicher Ehe lebte. Von größter Bedeutung war auch seine Freundschaft mit Frau von Berg, einer Freundin der Königin Luise, mit der er weltanschaulich und politisch vollständig übereinstimmte. Der Tod seiner Mutter, die 1783 starb, hätte ihn an sich zur Verwaltung des Familiengutes zurückführen müssen, er war aber bereits so völlig in dem preußischen Staatsdienst aufgegangen, daß er die Verwaltung seiner Schwester Marianne übertrug, mit der ihn volle Gemeinsamkeit der Grundanschauungen verband.

Infolge des Friedens von Luneville 1802, durch welchen die Abtretung der linksrheinischen deutschen Besitzungen an Frankreich gefordert wurde, kam es zu einem verbrecherischen Eingriff in sein Familiengut, indem der Herzog von Nassau seine dortigen Besitzungen einzog. In den schärfsten Worten geißelte Stein das widerrechtliche Verhalten des Herzogs in einem öffentlichen Brief, der ohne jede Antwort blieb. In diesem Briefe erklärte übrigens Stein, er würde gern bereit sein, für ein einheitliches Deutschland seine Besitzungen aufzugeben, er sei aber nicht bereit, einer verbrecherischen Willkür sich zu fügen.

Eine neue Aufgabe wurde Stein dadurch gestellt, daß er beauftragt wurde, Münster und Paderborn, die von Preußen erworben waren, in den preußischen Staat einzuführen. Eine Aufgabe, die er mit großem Geschick erledigte. Damit war seine Tätigkeit in Westfalen abgeschlossen, denn er wurde im Jahre 1804 als Minister und Chef der Bank und Seehandlung nach Berlin berufen. Vielleicht ist diese Berufung auf den Einfluß der Königin Luise zurückzuführen, die von ihrer Freundin, Frau von Berg, über Stein genau unterrichtet war. Vielen war Stein nicht willkommen, denn das Beamtentum war in zwei Lager gespalten. Die einen waren Anhänger der Neuerungen der französischen Revolution, teilweise sogar in übersteigerter Weise; die anderen hielten zäh an den alten Auffassungen fest. Stein's Standpunkt läßt sich so kennzeichnen: er war ein ausgesprochener Gegner der radikalen Überstürzungen der französischen Revolution, er kannte aber die Notwendigkeit neuzeitlicher Reformen, die rechtzeitig eingeführt werden müßten, damit eine ruhige, organische Entwicklung des Rechtes stattfände. Es war Stein nicht möglich, bei den vorhandenen Mißständen zu schweigen. In einer Denkschrift von 1806 forderte er Einführung einer Ministerialverfassung, Durchführung des Sachprinzips beim Generaldirektorium[8]), Beseitigung der Kabinettsräte, die den König von seinen Ministern trennten, und die Einführung eines mitregierenden Staatsrates. Es gelang den Kabinettsräten, die zum Teil minderwertige Subjekte waren, Stein zu entfernen. Anfang 1807 wurde er, und zwar in höchst beleidigender Form, entlassen. Er wird in dem Entlassungsschreiben bezeichnet „als ein widerspenstiger, trotziger, hartnäckiger und ungehorsamer Staatsdiener, der auf sein Genie und seine Talente pochend, weit entfernt das Beste des Staates vor Augen zu haben, nur durch Kapricen geleitet, aus Leidenschaft und aus persönlichem Haß und Erbitterung handelt." Stein antwortete in einer schroffen, aber meines Erachtens berechtigten Weise und zog sich nach Nassau zurück. Hier verfaßte er die berühmte, sogenannte ‚Nassauer Denkschrift': „Über die zweckmäßige Bildung der Obersten und der Provinzial-Finanz- und Policey-Behörden in der Preußischen Monarchie." Der Grundgedanke der Schrift ist folgender: Unter Abschaffung des bürokratischen Systems sollen die Staatsbürger zur Mitregierung und Mitverwaltung herangezogen werden, ausgehend von der untersten Stufe, den Gemeinden, über die Kreise und Provinzen hinaufsteigend bis zur Zentralverwaltung. Über das, was Not tut, wüßten die Staatsbürger selbst besser Bescheid als die Beamten. An Stelle ihrer Teilnahmslosigkeit und Entfremdung müsse ihre lebenskräftige Mitwirkung gesetzt werden.

Rückkehr in den Staatsdienst und die großen Reformen bis Ende 1808

Als die Not Preußens nach dem Tilsiter Frieden auf's Höchste gestiegen war, entschloß sich der König, Stein zurückzuberufen. Stein vergaß die Beleidigungen und Kränkungen und nahm an. Man vertraute auf ihn als den Stein, den „Petrus", auf dem eine Neuerrichtung des Staates erfolgen sollte. Die Königin Luise schrieb in einem Brief: „Stein ist hier, ein Zeichen, daß Gott uns noch nicht ganz verlassen hat." Stein kam Anfang Oktober in Memel an. Unter Umformung der Staatsverwaltung wurde er an die Spitze des Staates gestellt. Seine Tätigkeit bestand in dreierlei. Einmal in Versuchen, eine Abschwächung der ungeheuer harten Friedensbedingungen zu erreichen; sodann eine Schürung des Widerstandes und Vorbereitung einer Erhebung; schließlich in dem Erlaß grundlegender Reformgesetze. Von den letzteren ist noch zu handeln. Es ist Stein nur vergönnt gewesen, zwei Reformgesetze zu erlassen: das Edikt vom 7. Oktober 1807 und die Städteordnung vom 19. November 1808[9]).

Das Oktoberedikt hat folgenden Titel: „Edikt, den erleichterten Besitz und den freien Gebrauch des Grundeigentums, sowie die persönlichen Verhältnisse der Landbewohner betreffend."

Um seinen Inhalt zu verstehen, muß man sich klarmachen, daß eine vollständige Ständegliederung, auch im preußischen Allgemeinen Landrecht von 1794 festgelegt, vorhanden war. Es wurde unterschieden zwischen Adelsstand, Bürgerstand und Bauernstand. Der Adelsstand war der weitgehend bevorzugte, erste Stand. Ihm war grundsätzlich der Erwerb von Rittergütern vorbehalten. Er hatte Stimmrecht auf Kreis- und Landtagen, besaß Patrimonialgerichtsbarkeit, Jagdgerechtigkeit u. a. Der Adel ging verloren durch Ausübung eines Gewerbebetriebes. Heirat mit Personen geringeren Standes war nur mit Genehmigung möglich; städtischer und bäuerlicher Besitz waren beschränkt. Der Bürgerstand hatte zur Grundlage städtischen Wohnsitz sowie Handel und Gewerbe. Ihm war vorbehalten die Mitgliedschaft bei Gilden und Zünften, abgesehen von den Freimeistern. Das Stadtregiment stand ganz unter der Leitung landesherrlicher Beamter, wie später zu zeigen ist. Das Bürgertum war ganz auf Wirtschaft und Gewerbebetrieb eingestellt, es war der Stadt- und Staatsverwaltung völlig entfremdet, doch war es stark interessiert für Wissenschaft und Kunst und wünschte ein ruhiges und friedliches Leben; das Weitere hat der gute Landesvater zu machen.

Verwickelt waren die bäuerlichen Verhältnisse. Bauern waren nur bestimmte Gewerbe auf dem Lande gestattet. Die Besitzverhältnisse waren sehr verschieden: Eigentum, weitgehende und sehr beschränkte Nutzungsrechte (vorherrschend sog. lassitischer Besitz). Es bestand ein Bauernschutz, indem das Legen von Bauerngütern, d. h. die Einziehung zum Rittergut, verboten war. Abgaben mannigfaltiger Art belasteten die Grundstücke. Von alledem zu unterscheiden ist die Gutsuntertänigkeit. Sie hatte sich seit dem 16. Jahrhundert entwickelt, als der Ritter sich auf das Land zurückzog und bäuerliche Dienste brauchte. Sie war ein Herrschaftsverhältnis zu einem bestimmten Gut, gekennzeichnet durch Beschränkung der Freizügigkeit und Gesindedienstpflicht. Ursprünglich schwer lösbar war sie in abgeschwächter Form im preußischen Allgemeinen Landrecht eingehend geregelt worden. Sie war von der Leibeigenschaft und deren abgeschwächten Formen (Eigenzubehörigkeit oder Halseigenschaft) zu unterscheiden. Sie war meistens mit dem Besitz eines bestimmten bäuerlichen Grundstückes verbunden, doch gab es auch eine rein persönliche Erbuntertänigkeit. Der Erbuntertänige war persönlich frei und vermögensfähig, nur entbehrte er der Freizügigkeit und war zu Abgaben verpflichtet. Seine Kinder bedurften zur Erlernung eines Handwerkes der Genehmigung des Gutsherrn und waren zu Diensten verpflichtet, die jährlich am Tage nach Martini, also am 11. November einsetzten. Der Gutsherr war zur Fürsorge bei Krankheit und Alter verpflichtet. Die Erbuntertänigkeit war aus verschiedensten Gründen lösbar, insbesondere durch Zahlung eines Lösegeldes, das etwa das Doppelte eines Jahreslohnes betrug.

Der Inhalt des Oktoberediktes bestand in Folgendem: der Erwerb von Grundstücken, insbesondere von Rittergütern, wurde von allen Beschränkungen befreit; die freie Berufswahl wurde eingeführt; die Erbuntertänigkeit wurde aufgehoben, spätestens vom Martinitage 1810 ab.

Die Aufnahme des Ediktes war verschieden. Meistens war man begeistert, man prägte insbesondere das Wort: „Nur die Arbeit des freien

Menschen segnet Gott." Der Adel in den meisten Gebieten verurteilte das Edikt. Sehr scharf hat sich von der Marwitz ausgesprochen, indem er schrieb: „Die Ideologen und Philosophanten von der Garonne bis zum Niemen brachen in hellen Jubel aus". Graf York sprach von dem „verrückten" Edikt, tadelte die übereilte Maßnahme und verhöhnte den freien Erwerb eines Rittergutes, indem er schrieb: „Einen Schneidermeister würden die Bauern wohl mit Ziegengemeck empfangen." Manche bestritten das Verdienst Stein's am Edikt, da er einen Entwurf schon vorgefunden habe. Andere tadelten die Aufgabe des Bauernschutzes. Aber Stein beklagte selbst dessen teilweise Aufgabe, zu der er zur Durchführung der Verordnung genötigt war. Das Verdienst Stein's war die Tat. Durch ihn wurde auch das Edikt für die ganze Monarchie in Kraft gesetzt. Der Grundgedanke des Ediktes läßt sich dahin kennzeichnen: Schaffung eines freien, nationalen, eigenkräftigen Staatsbürgertums unter Beseitigung der ständischen Schranken.

Bei der Städteordnung vom 19. November 1808 muß man von ihrer berühmten Präambel ausgehen. Sie lautet folgendermaßen: „Der besonders in neueren Zeiten sichtbar gewordene Mangel an angemessenen Bestimmungen in Absicht des städtischen Gemeinwesens und der Vertretung der Stadt-Gemeine, das jetzt nach Klassen und Zünften sich teilende Interesse der Bürger und das dringend sich äußernde Bedürfnis einer wirksameren Teilnahme der Bürgerschaft an der Verwaltung des Gemeinwesens, überzeugen Uns von der Notwendigkeit, den Städten eine selbständigere und bessere Verfassung zu geben, in der Bürger-Gemeine einen festen Vereinigungspunkt gesetzlich zu bilden, ihnen eine tätige Einwirkung auf die Verwaltung des Gemeinwesens beizulegen und durch diese Teilnahme Gemeinsinn zu erregen und zu erhalten."

Die Städteordnung ist das ureigenste Werk Stein's, sie baut auf der Nassauer Denkschrift auf. Verdienste an ihrer Ausarbeitung kommen auch dem Polizeidirektor Frey zu.

Man kann die neue Verfassung kurz so bezeichnen. Die Stadt erhält grundsätzlich Selbstverwaltung. Es besteht eine milde Oberaufsicht des Staates. An der Spitze steht der Magistrat, der von den Stadtverordneten gewählt wird. Der Schwerpunkt der Verwaltung liegt bei den Stadtverordneten. Bei ihnen wird das sogenannte Repräsentativsystem eingeführt, das in der Wahl von Abgeordneten durch die Bürgerschaft besteht. Bei den großen Städten kommen 60 bis 102, bei den mittleren 36 bis 60 und bei den kleinen 24 bis 36 Abgeordnete in Betracht. Es besteht Wahlpflicht, jeder Abgeordnete ist frei von Instruktionen, hat selbständig zu entscheiden und ist nur seinem Gewissen verantwortlich. Vor der Wahl findet ein feierlicher Gottesdienst statt. Wahlberechtigt ist der Besitzer des Bürgerrechtes. Dieses wird vom Magistrat erteilt. Zwei Drittel müssen Hausbesitzer sein. Die Stadtverordnetenversammlung ist auf kommunal-wirtschaftliche Angelegenheiten beschränkt, sie kontrolliert den Magistrat, hat weitgehende Vermögensverwaltung. Die Stadt hat keine Gerichtsbarkeit, die Polizei bei Übertragung durch den Staat.

Streitig ist, auf welchen Vorbildern die Städteordnung beruht. Abzulehnen ist die Ansicht, daß französische Stadtverfassungen maßgebend gewesen seien, denn unter dem Einfluß Rousseau's waren durch die französische Revolution alle korporativen Gebilde verpönt, es gab nur den Staat und das Individuum. So waren die französischen Städte durch die Gesetzgebung der Revolutionszeit und später Napoleon's rein staatliche Verwaltungsbezirke in voller staatlicher Unterordnung, was auch in den Rheinbundstaaten nachgeahmt wurde. Vorbild für Stein waren vielmehr die Verfassungen der deutschen mittelalterlichen Städte (O. v. Gierke). Diese hatten allerdings im Laufe der Zeit eine Veränderung erfahren. Die Entwicklung des städtischen Beamtentums hatte der Staat für die Ausbildung seines Beamtentums verwertet. Er brach aber dann in die Verfassung der Städte ein, indem er auch das städtische Beamtentum seiner absoluten Herrschaft unterwarf, so daß die Magistrate von ihm abhängig wurden und die Bürgerschaft beiseite geschoben wurde. Charakteristisch war, daß Unteroffiziere Bürgermeister wurden und als Steuerräte die ganze Verwaltung an sich rissen. In der Regelung der Stadtverfassung des preußischen Allgemeinen Landrechtes von 1794 tritt die tatsächliche Lage nicht so recht in Erscheinung. Ein kleiner korporativer Schimmer ist hier durch eine Beteiligung von Gilden und Zünften vorhanden. Stein konnte auf Grund seiner eigenen rechtshistorischen Kenntnisse (infolge seiner Göttinger Studienzeit) und dann auch unter dem Einfluß von Justus Möser[10]), der in seinen Werken allgemein auf die genossenschaftlichen Verbände von Grundeigentümern in der deutschen Vorzeit zurückgriff, eine Widerbelebung der mittelalterlichen Stadtverfassung herbeiführen. Zu Hilfe kam ihm dabei, daß der korporative Gedanke in Deutschland im Gegensatz zu Frankreich nicht untergegangen war, sondern durch die naturrechtliche Gesellschaftslehre[11]) wachgehalten wurde. Diese erkannte den Zusammenschluß von Individuen zu Einheiten schwächeren oder stärkeren Grades an. Sie bezeichnete eine solche Einheit als eine „moralische Person“. Es ist von höchstem Interesse, aber bisher gar nicht beachtet, daß in der Städteordnung Stein's die Stadt als solche „moralische Person“ bezeichnet wurde.

Die Übertragung der Selbstverwaltung auf die Landgemeinden, Kreise und Provinzen konnte Stein nicht durchführen; man bezeichnet sie als Stein's politisches Testament.

Ächtung durch Napoleon, Aufenthalt im Ausland, zuletzt am Zarenhof

Ein Brief Stein's, der auf die früher erwähnte Erhebung gegen Napoleon abgestellt war, wurde aufgefangen und Napoleon überbracht. Dieser war sicherlich überrascht, denn er hatte, nachdem er die Entlassung Hardenbergs gefordert hatte, Stein als dessen Nachfolger empfohlen. Napoleon verfügte die Ächtung Stein's; dieser sollte, sobald er ergriffen würde, erschossen werden. Stein war zur Flucht genötigt. Er überschritt Neujahr 1809 das Riesengebirge, wurde in Österreich aufgenommen, weilte zuerst in Prag, dann in Brünn. Frau und Töchter konnten ihm folgen. Stein befaßte sich hier mit historischen Studien und Quellen, er versuchte sogar selbst eine geschichtliche Darstellung. Anfang 1812 wurde er in den Strudel der Weltgeschichte hereingerissen durch einen Brief des Zaren, der ihn aufforderte, mitzuwirken an der Vernichtung Napoleons. Der Brief enthielt auch eine Einladung an den Zarenhof. Stein entschloß sich, so schwer ihm auch der Abschied von seiner Familie wurde, ihr zu folgen. Am Zarenhof erhielt er zusammen mit Ernst Moritz Arndt, mit dem ihn innige Freundschaft verknüpfte, eine Abteilung, die die Aufgabe erhielt, die deutschen Truppen und die deutsche Bevölkerung zur Losreißung von Napoleon zu bestimmen.

Teilnahme an den Freiheitskriegen und am Wiener Kongreß

Stein hatte das große Verdienst, durch seinen Einfluß auf den Zaren das Bündnis zwischen Preußen und Rußland zu Kalisch 1813 herbeigeführt zu haben. In Bezug auf die Beteiligung Stein's an den Freiheitskriegen und am Wiener Kongreß kann man wohl Folgendes voran schicken. Es handelt sich um die Wiedergewinnung von Freiheit und Einheit Deutschlands. Die prachtvollen Gedichte seines Freundes Ernst Moritz Arndt (Man denke an „Der Gott, der Eisen wachsen ließ, der wollte keine Knechte. und „Was ist des Deutschen Vaterland?") gaben ganz die sehnsuchtsvollen Empfindungen Stein's wieder. Stein selbst hat keine Gedichte gemacht, aber in Bezug auf die Einheit Deutschlands hat er in schöner, schlichter Prosa gesagt: „Ich habe nur ein Vaterland, das heißt Deutschland."

In den Freiheitskriegen folgte Stein den Heeren als Begleiter des Zaren, 1813 sogar bis Paris. Man kann ihn als Generalquartiermeister bezeichnen. Er war vor allem der Schutzpatron Preußens im Bezug auf den Wiedererwerb der verlorenen Länder. Später ist sein Einfluß geringer gewesen, da der Zar in die Hände einer religiösen Schwärmerin gefallen war, doch konnte die Gefahr eines großpolnischen Reiches auf Kosten Preußens abgewendet werden.

Stein hatte sich schon in den Freiheitskriegen mit einer Ordnung der Verfassung des deutschen Bundes befaßt. In seiner ersten Denkschrift vertrat er in voller Schärfe den Einheitsgedanken. Er forderte eine starke Zentralgewalt, einen Bundestag von Repräsentanten und einen Bundesausschuß für die Exekutive, auch eine Bundespost. Er verlangte eine Zurückdrängung der Einzelstaaten und ein Erbkaisertum für Habsburg. Wilhelm von Humboldt[12]) als Vertreter von Preußen auf dem Wiener Kongreß vertrat in seiner Denkschrift den Gedanken eines bloßen Staatenbundes unter Führung von Preußen und Österreich und gab den Forderungen der anderen Einzelstaaten, insbesondere von Bayern und Württemberg, die auf ihre Souveränität nicht verzichten wollten, in vieler Hinsicht nach. Er lehnte das Erbkaisertum ab, wünschte einen gemeinsamen Handelsvertrag, Übereinstimmung in Gesetzgebung und Rechtsprechung und forderte in den Einzelstaaten die Errichtung einer landständischen Verfassung. Stein gab das Erbkaisertum auf, versuchte, den Zaren für die Mediatisierten und die Reichsritter gegen die partikularistischen Tendenzen der Rheinbundstaaten zu gewinnen, nahm aber in Bezug auf die Mediatisierten und die Reichsritter eine schwankende Haltung ein. Humboldt beharrte dabei, daß an den gegebenen Verhältnissen festgehalten werden müsse: „Extrakt des politischen Augenblicks". Auf Grund der gegenseitigen Kritik von Stein und Humboldt entstand schließlich ein Stein-Humboldtsches Verfassungsprojekt, das in die Denkschrift Hardenberg's aufgenommen wurde.

Aber all diese Mühewaltungen waren umsonst, indem der durch die Rückkehr Napoleons geängstigte Wiener Kongreß in übereilter Weise eine Bundesakte zusammenstellte, die nach den Worten Humboldt's ein unförmliches, unsicheres Gebäude darstellte, das niemanden befriedigte. Stein hatte schon vorher Wien verlassen und war verärgert und verstimmt nach Nassau zurückgekehrt.

Die Folgezeit und seine Altersjahre

In Nassau hatte Stein die große Genugtuung, daß ihm seine frevelhafter Weise eingezogenen Güter links des Rheines zurückgegeben und, da er keine männlichen Nachkommen hatte, in ein Weiberlehen umgewandelt wurden. Es war für ihn auch ein Triumph, daß in Nassau eine landständische Verfassung eingeführt wurde. Es war die erste konstitutionelle Verfassung in Deutschland. Dagegen scheiterte ein mit Humboldt im Jahre 1818 verfaßter Entwurf einer preußischen Verfassung. Sie beruhte auf einer Ständeversammlung mit weitgehenden Rechten. Auch eine Ministeranklage war vorgesehen. Ein Gegensatz zwischen Stein und Humboldt trat dadurch zutage, daß ersterer eine Sonderstellung der adeligen Grundbesitzer verlangte, die Humboldt verwarf, weil der Adel sich eine solche durch Mißwirtschaft im 18. Jahrhundert verscherzt hätte. In die Zeit fällt auch ein Besuch Goethes in Nassau und eine gemeinsame Rheinreise von Stein und Goethe. Ernst Moritz Arndt, der mit ihnen zusammentraf, hat allerdings berichtet, daß beide nicht zusammengepaßt hätten. Sie seien so verschieden wie „ein eiserner und ein irdener Topf". Man kann sich darüber nicht wundern. Man denke einerseits an das Weltbürgertum Goethe's und seine Verehrung für Napoleon; andererseits an Stein's Deutschtum und seinen glühenden Haß gegen seinen Todfeind Napoleon. Eine besondere Freude bereitet ihm, daß im Jahre 1817 die Freien Reichsstädte Frankfurt und Bremen ihm das Ehrenbürgerrecht verliehen.

Im Jahre 1826 siedelte Stein nach Westfalen über. Er hatte sein polnisches Gut Birnbaum gegen das Stift Cappenberg umgetauscht. Es war doch eine gewisse Mißstimmung gegen die Regierung in Nassau übriggeblieben, und in Westfalen genoß er die größte Anerkennung und Verehrung. Er wurde dort Marschall des Landtages und war an der dortigen Gesetzgebung beteiligt. Vor allem beschäftigte ihn die Weiterführung des seit 1815 eingeleiteten großen Quellenwerkes, der Monumenta Germaniae Historica[13]).

Sein Leben in Cappenberg war einsam. Seine Frau war schon im Jahre 1819 gestorben. Seine beiden Töchter waren verheiratet. Am 29. Juni 1831 ist Stein gestorben. Sein Sarg wurde in feierlichem Zuge unter Glockenläuten durch Westfalen geführt, am Rhein gab Ernst Moritz Arndt seinem alten Freunde noch das letzte Geleit; die Bestattung erfolgte in dem Dorfe Frücht im Erbbegräbnis seiner Familie.

Rückblick und Ausblick

Wenn wir die großen Leistungen des Reichsfreiherrn vom Stein in Kürze zusammenfassen und ihre ferneren Auswirkungen darlegen, so können wir Folgendes sagen: Stein hat die überaltete, ständische Trennung beseitigt, die freie Berufswahl eingeführt. Die Aufhebung der Erbuntertänigkeit wurde in anderen deutschen Staaten durchgeführt und dabei auch die zum Teil noch vorhandene Leibeigenschaft aufgehoben. Es war ein Kulturwerk ersten Ranges. An der Befreiung Deutschlands von Napoleon hat er kraftvoll mitgewirkt, vor allen Dingen hat er sie dadurch eingeleitet, daß er den Zaren zum Bündnis mit Preußen veranlaßte. Die Städteordnung mit ihrer Selbstverwaltung und der Förderung des Gemeinsinnes war sein ureigenstes Werk und hat sehr bald im übrigen Deutschland Nachahmung gefunden insbesondere auch in den Rheinbundstaaten, die zuerst die französische Stadtverfassung hatten. In vieler Beziehung ist sie später geändert worden, aber in ihren Grundgedanken ist sie auch heute in unseren Städten maßgebend. Wenn Dahlmann erklärt, daß Stein mit mehr Recht als Städteerbauer zu bezeichnen sei als König Heinrich I., so geht doch die Bedeutung der Stein'schen Städteordnung darüber weit hinaus. Ihr Grundsatz der Gemeinschaftswirkung ist später auf die Landgemeinden, die Kreise, die Provinzen und schließlich auf den Volksstaat durch die neuzeitlichen Verfassungen übertragen worden. Der Gedanke ist weiter durchgeführt worden in den sonstigen öffentlichen Genossenschaften des 19. Jahrhunderts, z. B. den zahlreichen Wassergenossenschaften, den Berufsgenossenschaften und anderen. Erst später fand er in den Privatkorporationen Eingang, da hier die aus dem römischen Recht stammende Auffassung herrschte, daß die Korporation eine künstliche Person sei ohne die lebensvolle Trägerschaft ihrer Mitglieder. Er ist sogar in Genossenschaften, die auf Gewinn gerichtet sind, zum Durchbruch gekommen; so verbietet zum Beispiel unser heutiges Aktiengesetz die eigennützige Ausübung eines Stimmrechts. Auch das Repräsentativsystem ist in manchen privaten Genossenschaften zur Anwendung gebracht; es gehören hierher die Vertreterversammlungen in großen Erwerbs- und Wirtschaftsgenossenschaften und den großen Versicherungsvereinen auf Gegenseitigkeit. Es ist weiter die Mitwirkung Stein's bei der Verfassung des deutschen Bundes anzuführen, da durch diesen doch immerhin ein gewisser Fortschritt in der Einheit Deutschlands herbeigeführt wurde. Die Bestrebungen, die damals einsetzten, müssen heute wieder erneut ins Werk gesetzt werden. Wir erinnern uns auch an die durch ihn herbeigeführten Fortschritte im Bergwerksbetrieb und an seine glänzende Verwaltung von Westfalen. Ein dauerndes Denkmal hat sich auch Stein in der Wissenschaft, der Geschichte und Rechtsgeschichte durch die Monumenta Germaniae Historica, ein Quellenwerk, gesetzt, die aus vielen stattlichen Bänden bestehen und heute in großzügiger Weise staatlich weitergeführt werden.

Versuchen wir, das Wichtigste in volkstümlicher Weise in einem Reimspruch zusammenzufassen, so können wir sagen:

„Als Preußen besiegt, zertrümmert und klein,
Erschien als Retter der Freiherr vom Stein;
Er brach die ständischen Schranken entzwei,
Der hörige Bauer wurde nun frei.
Seit Martini achtzehnhundertundzehn
Waren in Preußen nur Freie zu sehn.
Dann formte er deutschem Geiste treu
Das verknöcherte Recht der Städte neu:
Gemeinsinn und rührige Selbstgestaltung
Rühmt er als Ziele der Selbstverwaltung.
Daß ‚Ruhe die erste Bürgerpflicht'[14]) wär',
Das galt seitdem in Preußen nicht mehr.
Und reckenhaft setzt sich der Freiherr vom Stein
Für Freiheit und Einheit von Deutschland ein.
Und konnte ihm selbst es auch nicht gelingen,
Manch heiß Ersehntes zur Reife zu bringen,
Das Gemeinschaftswirken, das er verlangt,
Hat späterhin volle Geltung erlangt,
Im Volksstaat durch der Verfassung Kraft
Sowie in jeder Genossenschaft."

Anmerkungen

[1]) Über die Reichsritterschaft vgl. z. B. v. Schwerin-Thieme, Grundzüge der deutschen Rechtsgeschichte, 1950, S. 224 f., 248, 300.

[2]) Lavater war Dichter und Philosoph, geb. 1741 in Zürich, gest. 1801 ebd., bekannt u. a. auch durch seine Freundschaft mit Goethe.

[3]) Sophie v. Laroche, 1731–1807 (Begründerin des deutschen Frauenromans) Mutter der Maximiliane Brentano und Großmutter der Brentano-Geschwister.

[4]) Vgl. J. v. Gierke, Große Deutsche Juristen der Vergangenheit, 1949 S. 13. Pütter lebte von 1725 bis 1807. In Betracht kommen namentlich „Lehrbuch des Reichsprozesses" 1749, „Historische Entwicklung der heutigen Staatsverfassung in Deutschland" 1786.

[5]) Joh. Christ. Gatterer 1727–1799.

[6]) August Ludwig Schlözer, 1735–1809. Er war berüchtigt wegen seiner scharfen Kritik (Maria Theresia: „Das können wir nicht machen, was würde der alte Schlözer dazu sagen"). Berühmt ist sein Ausspruch: „Extra Göttingam vivere non est vivere".

[7]) Siehe v. Schwerin-Thieme, a. a. O. S. 250.

[8]) Das von Friedrich Wilhelm I. gegründete Generaldirektorium zerfiel in Provinzialdepartements und Sachdepartements, wodurch später bei dem großen Umfang, den der Staat angenommen hatte, Verwirrung gestiftet wurde. Auch hier nahm man nach dem Tode Friedrichs d. Großen keine Änderungen vor. Man tröstete sich damit: „Einige Zeit wird die Pastete noch halten".

[9]) Das Oktoberedikt ist ausführlich behandelt in der Aula-Rede in Halle von Julius von Gierke 18. Januar 1924 (Gedruckt im Verlag von Max Niemeyer, Halle a. S.); die Stein'sche Städteordnung ist ausführlich behandelt in der Aula-Rede in Berlin von Otto von Gierke vom 27. Januar 1909. Beide Reden sind jetzt zusammen neu gedruckt worden in verkürzter Form in der „Wissenschaftlichen Buchgesellschaft" Darmstadt 1957 unter weitgehender Unterstützung der Freiherr-vom-Stein-Gesellschaft.

[10]) Justus Möser, 1720–1794. In Betracht kommen seine „Patriotischen Phantasien" und die „Osnabrückische Geschichte". Von Goethe als deutscher „Patriarch" bezeichnet.

[11]) Vgl. J. v. Gierke, Neues über Johannes Althusius, 1957, Carl Heymann und das dort angeführte Schrifttum.

[12]) Über Humboldt siehe F. Schaffstein, Wilhelm von Humboldt, 1950.

[13]) Siehe namentlich Ritter, a. a. O. Bd. 2, S. 325 f.

[14]) Nach der Schlacht bei Jena ließ der Gouverneur von Berlin anschlagen: „Der König hat eine Bataille verloren. Jetzt ist Ruhe die erste Bürgerpflicht ...".

Aus dem Schrifttum ist hervorzuheben:

Max Lehmann, Freiherr vom Stein, 2 Bde., 1902–05

Gerhard Ritter, Stein, 2 Bde., 1931

Erich Botzenhart, Freiherr vom Stein, 1952

ders., Karl Freiherr vom Stein, in „Die großen Deutschen", hrsg. von H. Heimpel, Th. Heuß, B. Reifenberg, 1956, II. Band

Briefwechsel, Denkschriften und Aufzeichnungen, hrsg. von E. Botzenhart, 7 Bde., 1931–37

Besondere Bedeutung hat die Freiherr-vom-Stein-Gesellschaft. – Meine Ausführungen haben zur Grundlage Studien und Aufzeichnungen für meine große Vorlesung: „Freiherr vom Stein" im Sommersemester 1957. – Für Hilfeleistung und Korrekturlesen danke ich Herrn cand. jur. Jan Bernd Eisenbart herzlich.

FSC
www.fsc.org
MIX
Papier | Fördert
gute Waldnutzung
FSC® C083411

Kolibri 360 GmbH
Ferdinand-Jühlke-Straße 7
99095 Erfurt, Deutschland
produktsicherheit@kolibri360.de